식인 상어가 다가온다

내가 만난 재난 ⑥

식인 상어가 다가온다 – 1916년 상어의 습격

처음 펴낸 날 2021년 11월 5일 | **세 번째 펴낸 날** 2025년 3월 20일

글 로렌 타시스 | **그림** 스콧 도슨 | **옮김** 오현주
펴낸이 이은수 | **편집** 오지명, 최미소 | **디자인** 원상희
펴낸곳 초록개구리 | **출판등록** 2004년 11월 22일(제300-2004-217호)
주소 서울시 종로구 비봉2길 32, 3동 101호 | **전화** 02-6385-9930 | **팩스** 0303-3443-9930
인스타그램 instagram.com/greenfrog_pub

ISBN 979-11-5782-115-0 73840

내가 만난 재난 ⑥ 1916년 상어의 습격

식인 상어가 다가온다

글 **로렌 타시스** | 그림 **스콧 도슨** | 옮김 **오현주**

초록개구리

I SURVIVED: THE SHARK ATTACKS OF 1916 by Lauren Tarshis.
Text Copyright © 2010 by Lauren Tarshis.
Copyright © 2018 by Dreyfuss Tarshis Media, Inc.
By arrangement with the Proprietor. All rights reserved.
Korean translation copyright © 2021 by Green Frog Publishing Co.
Korean translation rights arranged with Brandt & Hochman Literary Agents, Inc.
through Eric Yang Agency.

이 책의 한국어판 저작권은 EYA (Eric Yang Agency)를 통해 Brandt & Hochman Literary Agents, Inc.과
독점 계약한 초록개구리에 있습니다.
저작권법에 의하여 한국 내에서 보호를 받는 저작물이므로 무단 전재 및 복제를 금합니다.

차례

강에 나타난 살인마 · · · · · · · · · · · · · · · · · · · 7
엉터리 기사 · 9
윌슨 선장 · 19
물놀이 · 27
심한 장난 · 36
강에 사는 악마 · 39
기발한 계획 · 45
두려운 마음 · 54
새까만 눈 · 61
상어가 나타났다! · 67
믿을 수 없는 일 · 72
진짜 식인 상어 · 77
용감한 아이 · 84
영원한 친구 · 88

작가의 말 · 96
한눈에 보는 재난 이야기 · · · · · · · · · · · · · · · · 99

강에 나타난 살인마

1916년 7월 12일
미국 뉴저지주 엘름힐스의 마타완강

열 살짜리 남자아이 쳇 로스코는 뼛속 깊이 파고드는 오싹한 기분과 공포를 느꼈다. 마타완강에서 혼자 수영을 하던 때였다. 누군가, 아니 무엇인가 쳇을 쳐다보는 것 같았다.

그건 커다란 회색 지느러미였다. 칼날같이 생긴 것이 물살을 가르고 있었다. 뭘까? 혹시 정말…… 상어일까?

그럴 리 없다! 엘름힐스는 바다에서 상당히 멀리 떨어진 곳이었다. 상어가 어떻게 이 마을의 작은 강까지 들어올 수 있을까?

도저히 일어날 수 없는 일이…….

바로 눈앞에 펼쳐졌다.

쳇의 몸보다 훨씬 큰, 거대한 상어가 다가오고 있었다. 새까만 눈은 물까지 뚫을 기세로 쳇을 바라봤다.

살인마의 눈이었다.

쳇은 온 힘을 다해 발장구를 쳤다. 드디어 발이 바닥에 닿았다. 이제 달리기만 하면 된다. 쳇이 어깨 너머로 흘끗 돌아보았다. 상어가 바짝 다가와 있었다. 거대한 턱을 쩍 벌린 채, 벌건 입속에 칼날 같은 새하얀 이빨을 번쩍이면서.

엉터리 기사

**9일 전, 1916년 7월 3일 오전 9시
뉴저지주 엘름힐스의 작은 식당**

제리 삼촌은 엘름힐스에서 작은 식당을 운영했다. 분주한 장사는 월요일 아침에야 비로소 끝났다.

쳇은 발이 아팠다. 온몸은 시럽, 도넛 부스러기, 베이컨 기름으로 뒤범벅이었다. 붉은색 곱슬머리는 땀으로 축축했다. 하지만 기분은 말도 못 할 정도로 좋았다. 삼촌이 쳇에게 올여름 식당 일을 도우면 용돈을 주겠다고 했기 때문이었다. 하루에 무려 15센트였다! 쳇은 식당에서 일하면서 익숙한 얼굴들을 만나는 것도, 사람들이 자기 이름을 불러 주는 것도 정말 좋았다. 무엇보다 친구들을 사귄 게 가장 마음에 들었다. 삼촌과 함께 지내면서 처음 사귄 친구들이었다. 쳇의 부모님이 캘리포니아주로 출장을 떠난 1년 동안, 쳇은 삼촌네 집에 머물고 있었다.

출입문이 쿵 소리를 내며 열렸다. 쳇은 계산대를 닦고 있었다. 듀이, 시드, 몬티가 달려오는 걸 보고 쳇은 싱긋 웃었다. 타일 제조 공장에 다니는 친구들은 아침 출근길마다 식당에 들렀다. 쳇은 예전에 학교에서 녀석들을 본 적이 있긴 했다. 늘 야구 이야기만 하던 덩치 큰 놈들로 기억한다. 이번 여름 전까지는 말 한 번 나눠 본 적 없었다.

"너 들었어?"

듀이가 말했다. 주근깨투성이 뺨은 흥분을 감추지 못했다.

"들어도 믿기 힘들걸!"

몬티가 말했다. 안경이 습기로 뿌옜다.

"내가 말할게!"

시드가 둘을 옆으로 밀어내며 말했다. 시드는 셋 중에 가장 키가 작았지만, 늘 대장 노릇을 했다.

"상어가 나타났어!"

이내 셋의 목소리가 동시에 터져 나왔다.

"상어가 공격했대!"

"엄청나게 크대!"

"어떤 남자가 다리를 물어뜯겼대!"

"사방이 피투성이였대!"

"그 남자 죽었다던데!"

"헤이븐 해수욕장, 거기서 그랬대!"

헤이븐 해수욕장은 엘름힐스에서 남쪽으로 113킬로미터가량 떨어져 있었다. 대서양과 맞닿은 곳이었다. 쳇은 그곳에 있는 호화로운 호텔에 대해 들어 본 적 있었다. 비싼 수영복을 입은 사람들이 바닷가에서 수영을 즐긴다고 했다. 그래도 그렇지, 이제껏 상어가 사람을 공격했다는 이야기는 한 번도 들어 본 적 없었다!

제리 삼촌이 주방 밖으로 모습을 드러냈다. 푸른 눈은 반짝거렸고 두꺼운 머리칼은 단정하게 빗어 넘긴 상태였다.

쳇의 친구들은 제리 삼촌을 만날 때면 항상 자세를 바르게 고쳐 잡았다. 삼촌은 엘름힐스에서 자란 야구의 전설이었다. 프로 리그에 진출할 수 있었지만, 불행히도 아마추어 챔

피언십 경기에서 홈으로 슬라이딩하면서 무릎을 다쳤다. 삼촌네 팀이 이겼지만, 삼촌은 다시는 경기를 뛸 수 없게 되었다. 삼촌은 무리했다 싶은 날엔 여전히 다리를 조금 절었다.

"상어라니 무슨 말이냐?"

쳇의 친구들에게 시나몬 도넛 하나씩을 가져다주며, 제리 삼촌이 물었다.

"이 녀석들, 장난치는 건 아니지?"

쳇은 친구들이 심한 장난을 곧잘 친다는 걸 알았다. 학교 졸업식 날에는 미니 마스턴의 도시락 통에 개구리를 집어넣기도 했다. 미니는 그날 머리끝까지 화가 난 탓에 얼굴이 온통 보랏빛으로 변해 버렸다.

"장난치는 거 아니에요!"

몬티가 바지 주머니에서 찢어 온 신문 기사를 꺼냈다.

"이거 봐!"

몬티는 쳇에게 신문 조각을 건넸다. 〈뉴저지 헤럴드〉 기사였다. 쳇은 기사를 읽어 내려가며, 머리끝이 쭈뼛 서는 것 같았다. 제리 삼촌도 쳇의 어깨 너머로 함께 기사를 읽었다.

피서객 1명, 상어 공격에 사망

1916년 7월 1일, 뉴저지주 헤이븐 해수욕장에서 발생

지난 7월 1일 토요일, 거대한 상어가 가슴 높이의 물에서 수영 중인 찰스 밴산트(25세)를 공격했다. 당시 밴산트 씨는 잉글사이드 호텔에서 휴가를 보내던 중이었다.

밴산트 씨는 장래가 유망한 청년으로, 상어 공격이 있던 날에는 반려견과 함께 물놀이를 즐기고 있었다. 여러 커플이 바닷가에서 바람을 즐기던 저녁 무렵, 갑자기 겁에 질린 비명이 들려왔다. 검은색 커다란 지느러미가 밴산트 씨 쪽으로 다가오고 있었다. 지켜보던 사람들이 위험하다고 소리를 질렀지만, 이미 늦은 상황이었다. 상어는 온 힘을 다해 바닷가로 헤엄쳐 나오던 밴산트 씨를 난폭하게 공격했다. 구조대원과 근처에 있던 남자 둘이 급히 헤엄쳐 밴산트 씨를 겨우 물 밖으로 끌어 올렸다.

그러나 심각한 부상을 입은 밴산트 씨는 손쓸 틈 없이 사망했다. 미국의 북동 해안에서 이같이 치명적인 상어 공격이 일어난 건 처음이다.

제리 삼촌이 웃었다. 쳇은 삼촌을 바라봤다. 삼촌이 냉정하긴 하지만, 설마 사람이 상어에 물어뜯긴 이야기가 재밌다고 생각하는 건 아니겠지?

"이 녀석들아, 이건 다 거짓말이야. 상어는 사람을 공격하지 않아. 이미 검증된 사실이지. 헤르만 올리치스라고 들어 봤냐?"

쳇과 친구들은 모르는 이름이었다.

"헤르만 올리치스는 백만장자야. 대형 선박 회사도 갖고 있었지. 어느 날, 아, 그게 언제였더라. 25년 전쯤 됐구나. 이 사람이 친구들이랑 요트를 타고 바다에 나갔어. 뉴욕주에서 멀지 않은 곳이었지. 일행이 바다에 나가자마자 상어 떼를 만난 거야. 요트에 타고 있던 여자들은 비명을 질렀어. 하지만 올리치스는 수영복으로 갈아입고 물속에 뛰어들었어. 상어 떼 바로 위로 말이지."

"왜 그랬대요?"

시드가 물었다.

"상어가 사람을 공격하는지 확인하려고. 올리치스는 시끄

러운 소리를 내며 상어들을 유혹했지. 첨벙첨벙 물장구를 치면서 말이야. 심지어 상어들을 향해 소리도 질렀어. 역시나 상어 떼는 멀리 도망쳐 버렸단다. 토끼몰이를 당한 토끼처럼 겁에 질려서 말이야."

제리 삼촌이 말했다.

시드가 쳇을 쳐다보며 씩 웃었다. 삼촌이 이어 말했다.

"그게 전부가 아니야! 올리치스는 상금 500달러를 걸었어. 미국의 북동 해안에서 상어에게 공격당한 사람이 있다면 그 돈을 주겠다고 말이야."

"500달러라니! 미쳤네요!"

듀이가 말했다.

"그럴지도 모르지. 하지만 아무도 상금을 못 가져갔단다. 상어는 사람을 공격하지 않거든. 상어보다 저기 있는 체리파이가 훨씬 위험할걸."

모두 웃음을 터뜨렸다.

그때 계산대 끝에서 걸걸한 목소리가 들려왔다.

"한참 잘못 알고 있군. 세상에는 식인 상어도 있어."

윌슨 선장이었다. 윌슨 선장은 아침마다 식사를 하러 식당에 왔다. 오래전에 고래잡이배의 선장이었다지만, 이젠 털털거리는 고장 난 모터보트에 올라 강을 돌아보는 게 전부였다. 윌슨 선장의 멍한 눈빛은 자기가 어디에 있는지조차 모르는 것 같았다.

하지만 이 순간만큼은 윌슨 선장의 눈빛이 날카로웠다.

"선장님, 식인 상어를 본 적 있으세요?"

제리 삼촌이 윌슨 선장의 거피잔을 채우며 물었다.

"한 번? 백상아리에게 물어뜯겨 하마터면 몸이 두 동강 날 뻔했지."

윌슨 선장이 말했다.

"그래서요?"

제리 삼촌이 쳇을 향해 한쪽 눈을 찡긋하며 물었다.

"자네들을 겁주고 싶진 않아."

윌슨 선장이 말했다.

"선장님, 제발요! 우리는 겁 안 나요."

몬티가 말했다.

"우린 전부 받아들일 수 있다고요!"

시드가 우겼다.

쳇은 문득 행복한 기분이 들었다. 친구들이 말한 '우리'에 쳇도 함께라는 생각이 들어서였다.

제리 삼촌은 고개를 저으며, 주방으로 돌아갔다.

"좋아, 그렇다면."

윌슨 선장은 텅 빈 식당을 돌아본 다음, 입을 열었다.

"다들 가까이 와라. 시끄럽게 굴지는 말고. 다른 손님이 싫어할지 모르니까."

윌슨 선장

윌슨 선장이 입을 열었다.

"1852년이었다. 그때 나는 너희 나이쯤이었지. 고래잡이를 시작한 지 얼마 안 됐을 때였다. 꼬박 2년을 바다에서 지내다 태평양을 건너 집으로 돌아가던 중이었지."

윌슨 선장은 낮게 속삭였다. 그래서인지 목소리가 멀리서 들려오는 것 같았다.

"갑자기 하늘이 어두워졌어. 바람이 거세게 울부짖기 시작했고, 비가 세차게 퍼부었지. 내 평생 그렇게 높은 파도는 잊을 수 없을 거다. 우리 배를 달까지 날려 보낼 기세였거든. 그때 바람이 우리 배를 종이배마냥 산산조각 내 버렸다! 다들 물에 빠졌지. 나는 커다란 나무통을 움켜잡고, 어떻게든 밤을 버텼어. 태양이 떠오를 때쯤 되니 폭풍우가 멈춰 있었어. 난 혼자였다. 바다 한가운데 있는 아주 작은 점 같았지."

"다른 사람들은 다 죽었어요?"

듀이가 물었다.

듀이의 말을 듣지 못한 듯, 윌슨 선장은 말을 이어 갔다.

"바로 그때, 지느러미를 봤다."

"상어요?"

시드에게 바짝 붙어 앉으며, 몬티가 속삭이듯 물었다.

"쉿!"

시드가 말했다.

"상어는 한참이나 내 주위를 빙글빙글 돌았어. 돌고 또 돌고, 정말 천천히. 놈이 나를 갖고 노나 싶었다니까. 그놈은 조금씩 내 쪽으로 다가왔어. 그놈 눈까지 선명히 보일 정도로 가까이 말이다."

윌슨 선장이 속삭였다.

"석탄처럼 새까만 눈이었다. 살인마의 눈이었지."

윌슨 선장은 창밖으로 시선을 돌렸다. 마치 상어가 턱으로 유리창을 밀어 버리는 장면을 기대하는 것 같았다.

"살인마의 눈 말이다."

윌슨 선장이 조용히 되뇌었다.

잠시 후, 윌슨 선장은 다시 말을 꺼냈다. 쳇과 친구들은 입을 벌린 채 다음 이야기를 기다렸다.

"그 괴물 같은 것이 물 아래로 내려갔어. 쓸데없는 먹잇감에 힘 빼지 말자, 그렇게 생각했나 싶었지. 근데 그 순간, 뭔가가 내 다리를 세게 친 거다. 나는 곧 피투성이가 됐어! 상어 비늘은 그만큼 거칠었다. 사포로 써도 될 정도였지."

윌슨 선장은 여전히 아프다는 듯 다리를 쓰다듬었다.

"놈은 입을 크게 벌리고 날 죽일 듯 다가왔다. 내 몸을 통째로 삼킬 수 있을 만큼 거대했지. 그리고 그 이빨, 마치 단검 같았다. 단검 천 개를 줄 세워 놓은 것 같았지."

윌슨 선장의 손은 떨리고 있었다.

"그때 주머니에서 오래된 작살 조각이 만져졌어. 그걸 움켜쥐고, 상어를 향해 냅다 내리꽂았다."

윌슨 선장이 식탁을 너무 세게 내리치는 바람에 커피잔이 바닥으로 떨어졌다. 하지만 윌슨 선장은 눈치채지 못했다.

"그 살인마의 눈에다 말이다."

윌슨 선장이 말했다.

"선장님이 상어를 죽인 거예요?"

듀이가 물었다.

윌슨 선장은 고개를 저었다.

"아니, 아니다. 하지만 놈은 헤엄쳐 달아났고, 완전히 사라졌어. 내가 죽을 운명은 아니었던 모양이야."

이야기를 마친 윌슨 선장이 일어섰다. 그러고는 다 낡아빠진 모자를 눌러썼다.

"이제 집에 가야겠다. 내 사랑 데보라가 기다리거든."

데보라는 20년 전에 죽은, 윌슨 선장의 부인이었다.

쳇과 친구들은 윌슨 선장이 자리를 뜰 때까지 지켜봤다.

제리 삼촌은 커피잔이 바닥에 떨어졌을 때부터 주방 밖으로 나와 있었다.

"노인네 좀 불쌍하네. 제정신이 아니야."

삼촌이 바닥을 치우며 말했다.

"삼촌은 전부 말이 안 된다고 생각하죠?"

몬티가 물었다.

삼촌은 어깨를 으쓱했다.

"선장이 아주 그럴듯한 이야기를 지어낸 것 같구나."

"작살 조각으로 찔렀다니!"

듀이가 웃음을 터뜨렸다.

"살인마의 눈이라니!"

몬티가 소리 높여 말했다.

"다음번엔 윌슨 선장님이 고래에게 잡아먹힐 뻔한 이야기를 할지도 몰라."

시드가 말했다.

쳇은 온종일 윌슨 선장의 말을 떠올렸다. 쳇도 윌슨 선장의 말을 전부 믿지 않았다. 제리 삼촌의 말이 맞을 것이다. 상어가 사람을 공격했다니, 믿기 어려운 이야기였다.

그래, 윌슨 선장을 위협한 건 상어가 아닐지 모른다. 바다 한가운데 오래 떠 있다 보면 별의별 생각이 다 들었을 수 있다. 그런데 이상했다. 바다 한가운데 오래 떠 있는 그 기분이 왜 이렇게 익숙하게 느껴지는 걸까.

쳇은 어릴 때부터 부모님과 여러 나라를 돌아다녔다. 아빠는 늘 새로운 사업을 생각해 냈다. 오리건주에서는 자동차를 팔았고, 세인트루이스주에서는 자전거를 만들어 팔았고, 필라델피아주에서는 사진관에서 가족사진을 찍었다. 엄마는 낡아 빠진 작은 집을 구해 함께 머물렀다. 쳇은 친구를 사귀고 싶었다. 하지만 친구와 친해질 만하면 사업이 기울거나 아빠가 다른 사업을 떠올리곤 했다.

"우리 떠나야 해."

아빠가 이렇게 말하면 엄마는 다시 짐을 쌌다.

원래는 쳇도 캘리포니아주에 가려고 했다. 거기서 아빠가 사업을 크게 벌여 돈을 벌 거라고 했다. 하지만 엄마는 쳇에게 캘리포니아주로 가는 대신 제리 삼촌과 함께 지내라 했다.

"좋은 마을이야. 제리도 널 잘 돌봐 줄 거고."

엄마가 말했다.

쳇은 어릴 때 제리 삼촌과 함께한 즐거운 추억을 떠올려 봤다. 그래, 쳇은 삼촌에게 야구공 던지는 법을 배웠다. 그러고는 한동안 삼촌을 만나지 못했다. 시간이 꽤 많이 흘렀는데 삼촌이 쳇을 알아보기나 할까?

하지만 모두 쓸데없는 걱정이었다. 쳇이 기차역에 내리자 삼촌이 승강장에서 기다리고 있었다. 삼촌은 쳇을 환한 미소로 반갑게 맞았다.

"드디어 만났구나."

삼촌은 기차가 다시 출발할 때까지 쳇을 꼭 안아 주며 말했다. 바로 그날부터 삼촌은 쳇이 집에서 편하게 지낼 수 있도록 배려했다.

그래도 쳇은 엄마와 아빠가 늘 보고 싶었다. 삼촌과 함께 지내는 게 즐겁고, 동네 사람들이 식당에 들어서며 "안녕, 쳇!"이라고 인사해 주는 것도 좋았다. 하지만 그것과는 별개의 감정이었다. 조만간 캘리포니아주에 있는 부모님을 만나러 가야 할 것 같았다.

어딘가 쳇이 정착할 데가 있기는 한 걸까?

아니면 바다 한가운데 외롭게 떠 있는 작은 점처럼 언제나 혼자 지내야 하는 걸까?

물놀이

그다음 주는 정말 더웠다. 큰길을 달리던 말들이 이곳저곳에서 픽픽 쓰러질 정도였다. 목요일까지도 식당 안이 39도까지 치솟을 정도로 더웠다.

하지만 쳇에게 이런 더위는 아무것도 아니었다. 놀라운 일이 일어났기 때문이었다. 친구들이 마타완강 물놀이에 쳇을 초대한 것이다.

윌슨 선장을 만난 뒤, 일주일 동안 친구들은 전보다 이른 시간에 식당을 찾아왔다. 도넛을 허겁지겁 먹어 치운 뒤에도 식당에 꽤 오래 붙어 있었다.

"태평양 가 본 적 있어?"

어느 날 시드가 물었다.

"그럼."

쳇이 대답했다.

"어때?"

몬티가 물었다.

쳇은 찬찬히 태평양을 떠올렸다. 친구들을 실망시키고 싶지는 않았다.

"대서양보다 조금 더 파래. 파도는 더 높을걸. 수심도 깊고, 파도도 많이 쳐."

모두 만족하는 듯했다.

다음 날, 듀이가 물었다.

"미시시피강은 어때? 거기도 가 본 적 있어?"

쳇은 넓지만 진흙투성이라고 말해 줬다.

"증기선을 타고 지나다 진흙탕에 갇힌 적도 있어. 낮 내내 갇힌 것도 모자라 아예 거기서 밤을 새워야 했어."

쳇의 이야기는 친구들에게 깊은 인상을 남겼다.

"넌 내가 본 중에 가장 운이 좋은 놈이야."

시드가 말했다.

"내가?"

쳇이 물었다.

"당연하지! 그렇게 많은 데를 다녔다니!"

몬티가 말했다.

"잘 모르겠는데. 그렇게 많이 돌아다니는 거 난 싫어."

쳇은 자기가 한 말에 새삼 놀랐다. 늘 그렇게 느끼긴 했지만, 입 밖으로 꺼낸 적은 한 번도 없었다. 제리 삼촌에게도 마찬가지였다. 쳇은 친구들에게 불평만 늘어놓는 사람으로 보이고 싶지 않았다.

"그런데 말이야, 마타완강에서 놀지 않을래?"

시드가 말했다.

"우리는 항상 거기서 널 기다리거든."

몬티가 말했다. 쳇은 놀란 마음을 숨겼다.

"태평양만큼은 아니지만, 그런대로 멋진 곳이야."

듀이가 말했다.

"태평양보다 낫다고 들었어."

쳇이 말했다. 친구들이 모두 웃음을 터뜨렸다.

"오늘 가지 않을래?"

시드가 말했다.

물론 쳇은 일을 마친 후에 가겠다고 했다.

제리 삼촌은 길을 잃지 말라며 쳇에게 작은 지도를 그려 줬다. 큰길이 끝나는 곳은 점선으로 표시돼 있고, 그 뒤로 타일 제조 공장이 있었다. 거기에서 가파른 언덕을 내려가 길을 건너면 된다.

쳇은 언덕 아래까지 다다랐지만 길을 잃은 듯했다. 강은 보이지 않고 황금빛 풀들만 보였다. 바로 그때, 첨벙거리며 떠드는 소리가 들렸다. 쳇은 풀을 헤치고 걸어서 빈터로 들어갔다. 낮게 드리운 가지에 먼지 묻은 바지와 셔츠가 걸려 있었다. 녀석들의 것이었다. 흙 위에는 닳아 빠진 부츠 세 켤레가 흩어져 있었다.

바로 뒤에 강이 있었다.

녀석들 말이 맞았다. 그렇게 크지 않은, 폭이 6미터 정도 되는 강이었다. 뛰어내려도 될 정도인지는 알 수 없었다. 하지만 생각보다 괜찮은 데다 그늘까지 드리워 있었다. 지구상에 이만큼 좋은 곳이 있을까 하는 생각마저 들었다.

"어서 들어와! 와, 여기 물 진짜 시원해."

듀이가 소리쳤다.

쳇은 훌러덩 옷을 벗고 다 낡아 빠진 부두에 올랐다.

"뛰어내려!"

시드가 말했다.

냅다 달려온 쳇은 하늘로 몸을 날렸다.

쉬익! 차가운 물이 튀어 올랐다. 모든 걱정이 사라지는 기분이었다.

친구들이 쳇 주변으로 모여들었다. 듀이가 분홍색 고무공을 하늘 높이 던져 올렸다.

"쳇! 잡아!"

듀이가 말했다. 쳇은 햇빛 탓에 눈을 가늘게 뜬 채로 겨우 공을 잡았다.

"여기야!"

시드가 깡충 뛰어올라 손을 흔들었다. 쳇은 쭉 뻗어 갈 정도로 공을 세게 던졌다. 제리 삼촌이 가르쳐 준 방식이었다. 시드는 깔끔하게 공을 받았다.

그렇게 한참 공놀이를 했다. 그러고는 부두에 차례로 올라가 물속으로 펄쩍 뛰어내린 다음, 강을 가르며 서로 쫓고 쫓았다.

수영하다 지친 쳇과 친구들은 커다란 느릅나무 아래에 있는 둑에 앉아 쉬었다. 듀이네 엄마가 아주 커다란 당밀 쿠키를 싸 주셨는데 딱 세 개뿐이었다. 녀석들은 누가 쳇과 나눠 먹을지를 두고 티격태격했다.

"여기 맘에 드는 거지?"

시드가 말했다.

"이 강 정말 멋져."

쳇이 쿠키를 한입 가득 물고 말했다.

"아니, 엘름힐스 말이야."

몬티가 말했다.

"한동안 여기서 지낼 거지?"

듀이가 말했다.

쳇은 난감한 듯 침을 꿀꺽 삼켰다. 바로 전날 엄마에게 편지 한 통을 받았기 때문이었다. 엄마의 편지는 이런 말로 시작했다.

'아주 괜찮은 아파트를 구했단다. 네 방도 있어. 이번엔 아빠 사업이 꽤 잘될 것 같아.'

"나도 그러고 싶어."

쳇이 말했다.

친구들 모두 고개를 끄덕였다.

"미니 마스턴이 널 좋아한대."

듀이가 말했다.

"정말?"

쳇의 목소리가 커졌다.

몬티가 질투 섞인 목소리로 대답했다.

"정말이야. 미니가 내 동생한테 털어놓았대."

넷은 한동안 그 자리에 앉아 있었다. 미니의 이야기며, 1908년 고교 대항 결승전에서 점수를 내지 못한 제리 삼촌 이야기를 하면서 말이다. 시드가 일어나 다시 물속으로 헤엄

치러 갔고, 모두들 시드를 뒤따랐다.

시드는 강 아래까지 헤엄쳐 갔다. 쳇은 듀이, 몬티와 공놀이를 했다. 쳇은 몬티와 몇 차례 공을 주고받았다.

"듀이!"

쳇이 공을 번쩍 들고 불렀다.

그러나 듀이는 쳇을 보지 않았다. 물 아래로 뭔가 지나가는 걸 바라볼 뿐이었다. 꽤 이상한 표정이었다.

그때, 쳇 또한 같은 것을 보았다. 물 위로 솟아오른 회색 삼각형이 듀이 쪽으로 향하고 있었다.

방금 지나간 건 뭐지?

거대한 물고기의 지느러미 같았는데 혹시…….

쳇은 고개를 가로저었다. 뭔가 잘못 본 듯했다.

강에 상어가 나타나다니 있을 수 없는 일이었다.

쳇이 애써 웃음을 지어 보려 했다. 쳇은 윌슨 선장의 이야기가 떠올라 혼란스러웠다.

지느러미는 점점 듀이에게 가까이 다가갔다. 빠르게 더 빠르게, 가까이 더 가까이.

"듀이!"

쳇이 소리쳤지만 너무 늦었다.

엄청난 물살이 일었다. 그리고 듀이가 사라졌다.

심한 장난

쳇이 비명을 지르며 물 밖으로 나왔다.

"듀이! 듀이!"

둑 위로 겨우 올라온 쳇은 몬티와 시드를 찾기 위해 물속을 살폈다. 하지만 둘도 이미 사라지고 없었다.

잡아먹힌 건가! 남아 있는 건 쳇뿐이었다! 큰길로 나가 도움을 청해야겠다. 쳇이 출발하려던 순간, 듀이가 올라오더니 씩씩거렸다.

듀이가 두리번거리며 말했다.

"이 자식아, 너 때문에 저 아래 너무 오래 있었잖아! 우리 계획이랑 다르다고!"

듀이는 누구랑 말하는 거지? '계획'이라니 대체 무슨 소리일까?

시드도 물 밖으로 나와서 숨을 헐떡였다. 상어는 어디 있지? 시드는 왜 웃는 걸까?

"걸려들었네!"

시드가 쳇에게 소리쳤다. 시드는 손에 뭔가를 들고 있었다. 이가 빠진 회색 타일이었다. 조금 전, 바로 그 지느러미였다.

쳇은 갑자기 머리가 빙글빙글 도는 듯했다. 구역질이 났다. 자신을 갖고 놀다니!

몬티가 강 맞은편 둑 위에 서 있었다.

"속았어, 진짜 웃기다!"

몬티가 웃음을 터뜨렸다.

쳇은 아무 말도 할 수 없었다. 너무 화가 나 심장이 쿵쾅거렸다. 어떻게 이럴 수 있지?

"너도 네 목소리 들었지? 진짜 크더라! 캘리포니아주에 있는 너희 엄마도 들었겠어."

몬티가 소리쳤다.

쳇의 뺨은 붉어졌고, 손이 떨렸다. 이 정도밖에 안 되는 녀석들인데, 어째서 자신과 친구가 되고 싶어 한다고 착각했을까? 이 녀석들은 그저 괴롭힐 누군가가 필요했을 뿐이다. 녀석들이 쳇을 강에 초대한 이유는 그것뿐이었다.

쳇은 옷을 움켜쥔 다음, 서둘러 걸쳐 입었다.

"쳇! 화내지 마!"

시드가 멀리서 소리쳤다. 녀석들이 서로 밀치며 물 밖으로 나와 쳇에게 달려왔다.

"그냥 장난친 거야!"

"겁주려던 건 아니었어."

"우린 늘 장난을 치잖아!"

그러나 쳇에게는 아무 말도 들리지 않았다. 심장이 쿵쾅거렸고, 뺨은 발갛게 달아올랐다. 쳇은 신발끈을 묶고 일어서서 급히 자리를 떴다.

강에 사는 악마

다음 날, 녀석들은 식당에 들렀다. 어느 때와 다름없이 웃으면서. 쳇은 대꾸도 하지 않았다. 놈들이 자리에 앉기도 전에 주방으로 들어가서는 식당을 나설 때까지 한 발짝도 밖으로 나오지 않았다.

분주했던 아침 장사가 끝나자 제리 삼촌이 탄산음료 한 잔을 건네며 쳇에게 잠깐 앉으라고 했다.

"쳇, 무슨 일이냐?"

쳇의 옆자리에 앉으며 삼촌이 물었다.

"친구들을 피하는 것 같던데."

"그 자식들은 이제 친구 아니에요. 전 걔네들 몰라요."

제리 삼촌은 쳇을 가만히 쳐다봤다.

"강에서 있었던 일 때문이니?"

"들으셨어요?"

쳇이 말했다. 삼촌이 피식 웃었다. 놀리려는 의도는 없어 보였다.

"널 기분 상하게 하려던 건 아니었다던데. 그냥 좀 웃긴 일이었다고 여기는 건 어떠냐?"

"무슨 뜻이에요? 걔네들이 절 바보 취급했다고요."

"그런 장난을 친 건 녀석들이 널 좋아한다는 뜻이야. 한 무리로 여긴다는 거지. 들어 보니 녀석들은 너랑 다시 잘 지내고 싶어 하던데. 녀석들이 친해지는 방식을 몰랐구나?"

제리 삼촌이 말했다. 쳇이 그런 것을 알 리 없었다. 친한 친구가 단 한 명도 없었기 때문이다. 쳇은 그 말을 더 자세히 듣고 싶었지만, 쳇이 묻기도 전에 콜턴 씨와 제이 씨가 식당 안으로 들어왔다. 두 사람은 제리 삼촌의 오랜 친구들이었다. 콜턴 씨는 철물점을 운영했고, 제이 씨는 의사였다. 두 사람은 커피를 마시기 위해 식당에 매일 들렀고, 늘 제리 삼촌과 야구 이야기를 주고받았다.

하지만 이번엔 달랐다. 두 사람은 베이브 루스의 투구 기록을 말하지 않았다. 콜턴 씨는 아침 신문을 들고 있었다. 덕분에 제리 삼촌과 쳇은 신문 1면의 헤드라인을 보게 됐다.

피서객 남성 사망, 벌써 두 번째 상어 공격

1916년 7월 7일, 뉴저지주 스프링레이크에서 발생

어제저녁 바다에서 혼자 수영하던 찰스 브루더(28세)가 상어에게 공격받았다. 구조대원이 급히 달려갔으나, 심각한 부상을 입은 브루더 씨는 해안에 도착하기 전에 과다 출혈로 사망했다.

브루더 씨는 호텔의 서비스 팀장으로 고객들에게 좋은 평가를 받았으며, 수영도 잘했던 것으로 알려졌다. 그러나 거칠게 덤비는 상어를 상대로는 수영 실력도 소용없었다. 브루더 씨는 사망하기 직전 구조대원에게 주목할 만한 이야기를 남겼다.

"아주 커다란 회색에, 사포같이 거칠었어요. 그놈이 나를 처음 치기 전까지 보지도 못했어요……. 비명을 지르면서…… 그놈이 계속 날

칠 거라고 생각했는데, 한 바퀴 돌더니 내 뒤에서 덮쳤어요……. 내 왼다리를 물어뜯고…… 날 잡아 끌어 내린 다음, 사라졌어요……. 그리고 다시 와서…… 개가 쥐를 물고 흔들 듯 날 잡고 흔들었어요."
브루더 씨는 더 말하려는 듯했으나 곧 의식이 희미해졌다. 구조대원이 브루더 씨를 바닷가로 옮겼을 때는 과다 출혈 및 쇼크로 이미 목숨을 잃은 뒤였다.
당국은 시민들에게 바다에서 혼자 수영하지 말라고 권고했다.

"나는 아직도 못 믿겠어. 신문을 팔려고 지어낸 얘기 같아."
제리 삼촌이 말했다.
"그럴 수도 있지. 하지만 사람들은 겁에 질려 있어. 그 동네 사는 조카가 그러는데, 요즘은 아무도 바닷가에 안 나간다더군. 어부들만 겨우 나가는데 움직이는 건 전부 권총으로 쏴 버린대."
콜턴 씨가 말했다.
"이게 뭘 떠올리게 하는지 알아? 강에 사는 악마."

제이 씨가 말했다.

"그게 뭐예요?"

쳇이 물었다.

콜턴 씨와 제이 씨가 픽 하고 웃었다. 의자에 앉아 있던 콜턴 씨는 육중한 몸을 쳇 쪽으로 기울였다.

"노인들 말로는 강 근처에 괴물이 산대. 온몸이 진흙으로 덮여 있고, 뱀이나 박쥐를 먹으며, 괴상망측한 쉬쉬 소리를 낸다는구나 이상한 신음도 내고. 십 년마다 한 번씩 내려와서는 아이들을 강으로 데리고 들어간다는 전설이 있어."

"사람들이 그걸 믿어요?"

쳇이 말했다.

"마을 사람들 모두 그 전설을 알지만, 진짜라 믿는 사람은 없어."

제리 삼촌이 말했다.

"여기 제리만 빼고? 어렸을 때, 이 친구는 강 근처도 못 갔지!"

제이 씨가 삼촌의 어깨를 툭 치며 말했다.

삼촌이 제이 씨를 향해 손사래를 쳤다.

"참 나, 무슨 말을 하는지 모르겠네. 그때 사마귀를 빼서 안 간 거거든."

제리 삼촌의 얼굴이 벌겋게 달아오른 건가?

세상에 삼촌이 상상 속 괴물을 무서워하다니! 쳇은 혼자 씩 웃었다. 쳇에게도 뭔가 희망이 생기는 것 같았다.

쳇은 갑자기 좋은 생각이 하나 떠올랐다. 이런 멋진 장난을 생각해 낸 사람은 이제껏 없을 것이다. 쳇의 장난은 마을 사람들 입에 오르내리며 아주 오랫동안 기억될 것이다. 다시 시드 녀석들이랑 놀 수 있는 것은 물론이고 말이다.

듀이, 몬티, 시드는 이제 곧 강에 사는 악마를 맞닥뜨리게 될 거다.

기발한 계획

 일요일 교회에서 녀석들을 만난 쳇은 일부러 인사를 건넸다. 녀석들은 쳇의 화가 풀린 것 같아 안심하는 눈치였다. 쳇은 마음이 완전히 풀린 건 아니었지만, 녀석들에게 장난을 치려면 어쩔 수 없었다. 녀석들에게 되돌려 줄 만한 꽤 기발한 계획을 세워 뒀기 때문이었다.
 "오늘 같이 수영하자. 점심 먹고 바로 갈 생각이거든."
 시드가 엄마를 마차에 오르도록 부축하며 말했다.
 "좋아! 갈게!"
 쳇이 대답했다. 제리 삼촌은 쳇의 등을 토닥거렸다.
 "그렇게 하는 거야, 쳇. 이렇게 작은 마을에서 누군가를 미워하면서 살기는 힘들거든."

쳇은 삼촌에게만큼은 자신의 계획을 말하고 싶었다. 하지만 입을 꾹 다물었다. 삼촌이 다른 사람에게 말해, 계획이 들통나 버릴까 걱정됐기 때문이었다.

교회를 나서려던 쳇은 미니를 보았다. 미니는 쳇에게 손을 흔들고, 미소를 지어 보였다. 자기 쪽으로 와서 말을 걸길 바라는 눈치였다. 지난봄, 쳇은 미니가 조금이라도 알아봐 주길 기도했다. 하지만 지금은? 쳇은 여자애와 노닥거릴 시간이 없었다. 상대가 아무리 미니일지라도 말이다. 녀석들이 도착하기 전에 강에 먼저 가 있어야 했다. 쳇은 미니에게 손을 흔들고 바로 집으로 향했다.

제리 삼촌은 예약 손님을 받기 위해 식당으로 갔고, 쳇은 옷을 갈아입으러 집으로 갔다. 쳇은 아침에 싸 둔 가방을 집어 들었다. 케첩 한 병, 오래된 작업용 부츠 한 켤레, 일할 때 쓰는 흰색 모자가 들어 있었다. 모두 계획에 필요한 것들이었다.

쳇은 서둘러 강으로 갔다. 강은 쥐 죽은 듯 조용했다. 쳇은 곧 계획을 실행할 준비를 시작했다.

쳇의 계획은 두 가지였다. 첫 번째는 강 근처에 핏자국을 남겨 놓은 후, 비명을 질러 쳇이 상어에게 공격당했다고 믿게 만드는 것이었다.

쳇은 부두를 따라 케첩을 뿌렸다. 피를 흘린 자국이었다. 부두 한가운데 부츠를 놓고, 그 위에도 케첩을 뿌렸다. 모자에도 똑같이 뿌렸다.

한 발 물러서서 살펴본 쳇은 자신의 작품에 몹시 만족했다. 지금까지는 순조로웠다.

쳇은 속옷과 바지, 신발도 벗었다. 그러고는 커다란 풀 뒤에 모두 숨겼다. 그리고 둑에서 가장 축축한 쪽으로 갔다. 쳇은 끈끈한 진흙을 한 움큼 떠서 얼굴, 팔, 가슴에 발랐다. 나머지는 머리에 발라 머리카락이 진흙을 뚫고 나오지 못하게 했다. '강에 사는 악마'가 어떤 모습인지 모르지만, 어쨌든 쳇처럼 붉은색 머리카락이 아니라는 건 확실했다.

쳇이 준비를 모두 마쳤을 때 멀리서 목소리가 들려왔다.

녀석들이다!

쳇은 눈을 감고 심호흡했다.

그리고 할 수 있는 한 가장 크고 소란스럽게 비명을 질렀다. 고통스럽고 공포에 휩싸인 비명이었다. 그러고는 물을 세게 첨벙였다. 진흙이 씻겨 나가지 않도록 조심했다. 좀 더 비명을 지른 쳇은 갈대밭을 헤치고 빈터로 들어가 숨었다.

"쳇? 너니?"

시드가 물었다.

쳇은 대답하지 않았다. 녀석들을 볼 수 없었지만 긴장된 숨소리와 공포에 휩싸인 목소리는 선명하게 들렸다.

"쳇, 어디 있어?"

"이 부츠, 쳇의 것 아니야?"

"어떻게……."

"앗, 이럴 수가."

시드가 속삭였다.

"저거 피야?"

쳇은 숨을 꼭 참았다. 녀석들이 속아 넘어갔을까? 작전이 정말 성공한 건가?

"쳇? 쳇, 거기 있어?"

시드가 물었다.

웃음이 터져 나오는 것을 겨우 참느라 쳇의 볼이 풍선처럼 부풀었다.

"이거 쳇이 쓰는 모자 아니야?"

듀이가 속삭였다. 몇 초가 지났다.

"무슨 일이 생긴 거야?"

몬티가 속삭이며 말했다.

녀석들이 모두 속아 넘어갔다! 이제 두 번째 작전을 펼칠 차례다.

쳇은 조그맣게 쉬쉬 소리를 냈다. 강에 사는 악마 이야기 중에 콜턴 씨가 내던 소리를 기억해 둔 것이다.

"젠장, 저거 무슨 소리야?"

듀이가 말했다. 목소리는 떨렸다.

"조용히 해 봐!"

시드가 말했다.

"가서 누구라도 데려와야 하는 거 아니야?"

듀이가 말했다.

"쉬이이이 쉬이이이."

자기가 내는 소리였지만 정말 으스스한 느낌이라 쳇은 스스로 감탄했다. 그다음은 신음이었다. 처음에는 낮게, 그다음에는 높게.

"ㅇㅇㅇㅇㅇ음음음음음음."

쳇은 갈대밭 위로 머리를 쏙 내밀었다. 얼굴 전부를 보여 주지는 않았다. 진흙으로 뒤덮인 무시무시한 괴물의 머리만 보여 줘도 충분했다.

녀석들은 너무 놀란 나머지, 눈에 초점을 잃었고 입을 다물지 못했다.

"꺄아아아아아악!"

그러고는 다 같이 비명을 질렀다.

듀이는 눈물 바람을 하고 도망쳤다.

"ㅇㅇㅇㅇㅇㅇ음음음음음음ㅇㅇㅇㅇ!"

"꺄아아아아아아악!"

시드와 몬티가 비명을 질렀다.

녀석들이 뒤돌아 달리기 시작하자 쳇이 물 밖으로 풀쩍 뛰어올랐다.

"잡았다!"

쳇이 소리쳤다. 시드와 몬티가 멈춰 섰다. 겁에 질린 얼굴은 하얗게 변해 있었다.

"아주 딱 잡았다!"

녀석들의 겁에 질린 얼굴이 점차 미소로 바뀔 것이다. 그때까지 쳇은 기다렸다. 녀석들은 뒤로 넘어갈 정도로 웃으며 쳇에게 천재가 아니냐며 감탄할 것이다.

하지만 녀석들의 반응은 예상과 달랐다.

시드는 부두 위로 쿵쿵거리며 올라왔다. 그러고는 쳇이 있는 쪽으로 다가왔다. 얼굴은 완전히 일그러져서 분노로 가득 차 있었다. 게다가 주먹을 꽉 쥔 채였다.

쳇은 뒷걸음질 쳤다. 시드가 쳇에게 주먹을 날리려 했을까?

몬티가 시드를 끌어당겼다.

"그럴 가치도 없는 녀석이야."

몬티가 말했다.

"나쁜 자식! 너한테 무슨 일이 생긴 줄 알았잖아!"

시드가 울컥대며 말했다.

"어떻게 이런 게 '재밌을' 거라고 생각한 거야?"

몬티가 말했다.

녀석들의 말은 냉정하고 차가웠다.

시드는 쳇을 노려봤다. 그러고는 녀석들 모두 뒤돌아 가 버렸다.

충격이었다. 쳇은 한참 동안 그 자리에 서 있었다.

쳇의 장난은 예상보다 훨씬 성공적이었다.

하지만 이런 결과를 원한 건 아니었다.

끈적끈적한 진흙을 뒤집어쓴 쳇은, 혼자 외로이 그곳에 서 있어야 했다.

두려운 마음

쳇은 물에 몸을 씻고, 곧 삼촌네 집으로 향했다.

집 안이 너무 더워서 현관 앞 베란다에 나와 앉았다. 쳇은 꽤 오래 그 자리에 앉아 있었다. 엄마와 아빠는 뭘 하고 있을까. 엄마를 그려 봤다. 부드러운 미소와 늘 웃음 짓던 눈이 떠올랐다. 집에 돈이 바닥나 다시 짐을 싸야 했던 순간에도 늘 행복한 얼굴로 잠에서 깨던 아빠도 그려 봤다.

부모님은 왜 날 두고 떠났을까?

쳇은 우울한 생각에 빠진 나머지, 제리 삼촌이 빠른 걸음으로 다가오는 걸 보지 못했다.

"여기 있었구나!"

삼촌이 숨을 헐떡이며 말했다. 그러고는 쳇 바로 옆자리에 앉았다.

"종일 식당에 계실 줄 알았는데요."

쳇이 말했다.

"그러려고 했지."

제리 삼촌이 주머니에서 담배를 찾으며 말했다. 삼촌은 마룻바닥에 성냥을 그어 담뱃불을 붙였다. 몇 모금 피우더니 등을 기댔다.

두 사람은 잠시 아무 말도 하지 않았다.

"듣기로는 강에서 재밌는 일이 일어난 것 같던데."

제리 삼촌이 말했다.

쳇의 심장이 쿵 떨어져 부츠까지 닿을 것 같았다.

"듀이가 겁에 질려 팬티만 입고 큰길까지 달려왔어. 비명을 지르면서 강에 사는 악마 이야기를 하더라고. 듀이네 엄마가 제이를 불렀고."

제리 삼촌이 말을 이었다.

쳇은 한숨을 쉬었다. 제리 삼촌을 쳐다볼 수조차 없었다.

삼촌은 당장 쳇을 캘리포니아주로 데려가라며 부모님에게 이미 전보를 보냈을지도 모른다. 곧 짐을 싸야 할 수도 있다.

"제가 너무 심했어요."

"내가 보기에도 그래."

제리 삼촌이 말했다.

쳇은 한숨을 크게 쉬었다. 거미 한 마리가 총총거리며 나무 바닥을 기어가다가 갈라진 틈으로 사라져 버렸다. 쳇은 사라져 버릴 수 있는 거미가 부러웠다.

그때 조금 묘한 소리가 들렸다. 쳇이 제리 삼촌을 바라봤다. 삼촌의 얼굴이 비트처럼 붉었다. 담배 연기 때문에 목이 메었나?

아니었다. 삼촌은 웃고 있었다! 웃음소리가 하늘까지 울려 퍼졌다. 삼촌은 가슴을 여러 번 두드리며 웃음을 멈추지 못했다.

"미안."

삼촌의 목소리에 웃음이 묻어났다.

"듀이의 표정이 정말……."

삼촌은 앞으로 몸을 숙이고는 손바닥으로 다리를 치며 머리까지 흔들며 웃었다.

"괜찮은 작전이긴 했어."

삼촌이 웃음을 참지 못하고 헐떡거리며 이야기했다.

"좀 소름 끼치는 장면이었겠지만 끝내줬어."

쳇은 삼촌을 따라 웃고 싶었다. 하지만 물 밖으로 나오자마자 마주친 시드의 겁에 질린 표정이 계속 떠올랐다.

몬티 말이 옳았다. 쳇은 녀석들에게 아무것도 아니다. 코에 대고 주먹을 날릴 가치도 없는 사람이었다. 쳇이 모두 다 망쳐 버렸다.

쳇의 얼굴 위로 눈물이 주르륵 흘렀다. 삼촌에게서 등을 돌렸지만 너무 늦어 버렸다.

제리 삼촌은 웃음을 멈추더니 쳇의 어깨에 손을 올렸다. 그러고는 쳇이 울음을 그칠 때까지 기다렸다.

바보 같은 짓이었다. 쳇은 울음이 터져 나왔다! 어리석은 장난이었다.

"괜찮아."

제리 삼촌이 말했다.

"아니에요. 떠날래요."

"어디로?"

"캘리포니아주로요."

쳇이 말했다. 그러자 삼촌이 쳇을 지그시 바라봤다.

"전 여기랑 안 어울려요."

"이런, 그렇지 않아! 넌 이곳에 정말 잘 어울려. 예전에도 난 알았지. 내가 왜 너희 엄마에게 너랑 함께 있게 해 달라고 부탁한 줄 아니?"

"전 엄마가 삼촌에게 부탁한 줄 알았어요."

"정말 그렇게 생각해? 내가 너희 엄마한테 몇 년을 부탁했는지 몰라. 편지도 백 번은 족히 썼고 전보도 여러 번 쳤지."

"왜요?"

쳇이 물었다. 삼촌은 쳇을 쳐다봤다. '2 더하기 2'처럼 아주 간단한 답을 묻는 듯한 목소리였기 때문이었다.

"이사를 너무 많이 다니는 바람에 네가 지치지 않았을까 걱정됐어."

제리 삼촌이 말을 이었다.

"다른 이유가 또 있지. 너랑 난 친구잖아, 그치? 항상 그랬잖아. 몇 년간 너 없이 너무 외로웠단다."

쳇은 웃을 뻔했다. 삼촌을 사랑하는 사람들이 있고, 삼촌은 매일 식당에서 그 사람들에게 둘러싸여 지낸다. 그 사람들이 삼촌의 농담에 웃고, 이야기에 귀 기울이는데 어떻게 외로울 수 있지?

평소 삼촌의 눈빛은 주름에 가려지긴 했어도 늘 밝고 경쾌했다. 지금 삼촌은 눈을 크게 뜨고 있었고 눈빛은 진지했다. 삼촌은 진심이었다.

"다리를 다친 후 무슨 일이 일어났는지 내가 얘기했나?"

삼촌이 말했다.

"뉴욕주로 이사했어. 이 마을과 인연을 끊었지. 방황하고 싶었어. 사람들이 날 보며 수군대는 걸 견딜 수 없었거든. 동정하는 시선도. 촉망받던 선수가 야구계의 대스타가 되지 못해 실망한 사람도 많았을 테고."

"엄마는 한 번도 그런 이야기를 안 해 줬어요."

"그래. 하지만 사실이야. 그거 아니? 난 이 마을이 그리워졌어. 그때 내가 느꼈던 걸 너에게 말해 주고 싶구나. 맞닥뜨린 상황을 그대로 마주해야 해. 도망가기만 하면 어떤 것도 해결할 수 없거든."

쳇은 제리 삼촌의 말이 옳다고 느꼈다. 하지만 자신을 그렇게도 싫어하는 녀석들과 어떻게 함께 마을에 머물 수 있단 말인가?

제리 삼촌은 쳇의 마음속을 읽은 듯 말했다.

"잘 설명하고 이해시킬 방법이 있을 거야. 네가 그 방법을 찾을 거라고 믿는다."

새까만 눈

이틀 동안, 쳇은 친구들이 식당에 한 번이라도 들어오길 기다렸다. 문이 열릴 때마다 먼저 들어오려고 서로 팔꿈치로 밀치는 친구들 모습을 기대하며 고개를 돌렸다.

하지만 친구들은 식당 앞을 지나가지도 않았다.

쳇은 용기 내어 친구들을 찾아가려고 했다. 그리고 마침내 수요일쯤 마음의 준비가 되었다.

그날은 모든 것이 타 버릴 듯 엄청 더웠다. 혼잡한 점심시간이 끝난 뒤, 제리 삼촌은 식당 문을 일찍 닫기로 했다. 식당 안의 얼음도 모두 녹아내렸다. 우유는 상해서 푸딩처럼 변해 버렸다. 두툼한 팬케이크나 구울 수 있으면 다행이었다.

"나는 집에 가서 양수기나 고쳐야겠다. 그리고 해 질 때까지 해먹에 누워 노닥거릴 생각이다."

제리 삼촌이 말했다. 쳇은 삼촌에게 인사를 건넨 후, 강으로 향했다. 녀석들이 거기서 공놀이를 하고 있을 게 뻔했다.

하지만 친구들이 수영하던 강가는 조용했다.

쳇은 녀석들이 아직 공장에 있을 시간이라는 걸 깨달았다. 퇴근하려면 한 시간은 남았다.

기다리며 보니, 부두에 아직도 케첩 자국이 있었다. 다시 보니 더더욱 피처럼 보였다. 섬뜩한 범죄 현장 같았다. 쳇은 녀석들이 오기 전에 자국을 지우기로 했다. 쳇이 벌인 심한 장난을 떠올릴 만한 건 전부 지울 생각이었다. 쳇은 옷을 벗고 물로 뛰어들었다. 물을 부두에 끼얹은 다음, 물 밖으로 펄쩍 올라와 나뭇잎을 한 움큼 가져왔다. 그리고 얼룩을 문질렀다.

물을 끼얹고 세 번 정도 문지르자 얼룩이 싹 사라졌다.

너무 더워진 쳇은 오랜만에 수영을 하고 싶었다.

철벅거리거나 큰 소리를 내는 사람이 없어 고요했다. 쳇은 나뭇가지가 늘어진 그늘진 물 위에 누웠다. 아빠가 미시시피강에서 수영을 가르쳐 줄 때 알려 준 방법이었다. 그때 엄마는 둑 근처에 앉아 손을 흔들고, 손뼉을 쳐 주었다.

부두 쪽으로 헤엄쳐 가려고 몸을 뒤집는 순간, 쿵!

쳇의 몸이 물 아래에 있는 무언가를 쳤다.

아니, 정확히는 그 무언가가 쳇을 쳤다.

무언가가 가슴을 너무 세게 친 나머지, 쳇은 잠시 숨조차 쉴 수 없었다.

뭐였을까? 오래된 부두에서 떨어져 나온 나뭇조각? 악어 거북? 혹시 시드가 몰래 다가와 때린 걸까?

그런데 쳇을 감싸고 있던 물이 조금 이상했다. 물속에 붉은색 연기가 피어오르는 것 같았다.

쳇이 놀라서 내려다봤다. 가슴 전체가 긁혀서 피가 배어 나왔다. 쳇에게 이런 짓을 한 것의 정체가 뭘까?

서늘한 공포가 쳇 안에 스멀스멀 올라왔다. 누군가, 아니 뭔가가 근처에서 쳇을 바라보고 있었다.

그때, 바로 그게 보였다. 회색 지느러미였다. 그것은 밝은

태양 아래서 반짝거렸다. 그 반짝거리는 것이 점점 쳇에게 다가오고 있었다.

확실히 보였다. 아니면 누가 또 다른 장난을 치는 건가? 녀석들이 다시 쳇에게 장난을 치는 걸까?

아니었다. 그건 타일 조각이 아니었다.

그게 쳇에게 점점 가까이 다가왔다. 쳇은 그게 어두운색의 거대한 물고기이며, 자신보다 크다는 사실을 깨달았다. 물론 제리 삼촌보다도 더 컸다. 새까만 눈은 물을 뚫을 기세로 쳇을 쳐다봤다.

살인마의 눈이었다.

쳇이 물가 쪽으로 헤엄치기 시작했다. 물을 세차게 가르고, 온 힘을 다해 발장구를 치며 나아갔다. 마침내 발이 바닥에 닿았다. 쳇은 달리기 시작했다. 심장이 쿵쾅거렸고, 마음속에서는 이런 소리가 들렸다.

'물 밖으로 나가야 해! 물 밖으로! 물 밖으로 나가!'

거의 다 왔다. 이제 몇 발자국이면 된다!

쳇은 물을 헤치며 나아갔고, 흙에 발이 겨우 닿았다. 몸을

옆으로 굴러 물에서 멀리 빠져나온 다음, 멀리서 이 믿기지 않는 광경을 바라봤다.

상어였다. 어마어마하게 큰 상어. 등은 얼룩덜룩한 회색이었고 배는 새하얀 색이었다. 놈은 턱을 쩍 벌렸다 닫았다. 들쭉날쭉한 이빨은 바늘같이 뾰족했고, 쳇의 손가락보다 컸다. 나란히 자리 잡은 이빨이 안으로 약간 휘어 있었다. 상어는 둑 위로 올라오려는 듯 거세게 몸부림쳤다. 쳇은 일어나 달리고 싶었다. 하지만 그 자리에 그대로 얼어붙었다.

상어는 눈도 깜박이지 않고, 쳇을 뚫어지게 쳐다봤다. 놈은 꼬리지느러미를 한 번 거칠게 흔들더니 몸을 돌려 물속으로 들어갔다.

놈은 물 위에서 잠시 맴돌았다.

그러고는 다시 꼬리지느러미를 흔들며 '쉭' 하는 소리를 내더니, 물속으로 사라져 버렸다.

상어가 나타났다!

쳇은 무릎으로 땅을 짚어 겨우 일어나고 속에 있는 것을 전부 게워 냈다.

가까스로 일어서서 옷이 놓인 곳까지 휘청거리며 걸었다. 손이 엄청 떨려서 셔츠 단추조차 제대로 잠글 수 없었다. 발을 부츠에 아무렇게나 구겨 넣고 끈도 묶지 않았다. 쳇은 심장이 쿵쿵 뛰는 소리를 들으며, 후들거리는 다리로 언덕 위로 달렸다. 그다음, 큰길로 가는 길을 또 달렸다.

쳇은 장바구니를 들고 가던 여자들을 밀치고 달렸다. 쳇을 피해 이리저리 달리는 자동차 경적 소리도 무시한 채 길을 건넜다. 자동차를 운전하던 남자는 앞 좀 똑바로 보라며 소리쳤고, 말은 쳇을 피하느라 히힝 울었다. 하지만 어떤 것도 쳇의 눈에 들어오지 않았다.

비틀거리며 콜턴 씨의 철물점에 다다른 쳇은 출입문을 지나 물뿌리개 진열장 앞에 서서 선반을 두드렸다. 달각거리는 소리에 손님 셋이 가게 앞쪽으로 모여들었다. 계산대 뒤에 있던 콜턴 씨도 서둘러 쳇이 있는 곳으로 달려왔다.

"쳇? 무슨 안 좋은 일이 있니?"

걱정 어린 목소리로 콜턴 씨가 물었다.

쳇이 입을 열었다. 하지만 아무 말도 나오지 않았다.

"무슨 일이야? 왜 이렇게 셔츠가 흥건하니? 설마 피 흘리는 거야? 누가 이랬니?"

콜턴 씨가 물었다.

손님들 몇몇이 쳇을 둘러쌌다. 걱정이 가득한 표정이었다.

쳇이 가까스로 한마디 내뱉었다.

"상어예요."

"뭐라고?"

콜턴 씨가 물었다.

"상어요."

"바다에서 누가 또 공격당했니? 신문에는 아무 이야기 없던데."

콜턴 씨가 말했다. 쳇은 고개를 저었다.

"강에 상어가 있어요. 제가 봤어요. 그놈이 저를 쳤어요."

쳇이 말하자, 모여든 사람들이 웃음을 터뜨렸다.

콜턴 씨는 인자한 미소를 지으며 쳇의 어깨에 손을 올렸다.

"그래, 요즘 상어 이야기로 여기저기 난리지. 다들 그것 때문에 조금씩 미쳐 가고 있긴 해."

콜턴 씨는 옆에 서 있던 손님 한 명에게 안에서 물을 좀 가져다 달라고 말했다. 그러고는 쳇을 감싸 안은 뒤, 비웃는 사람들을 뚫고 계산대 뒤쪽 의자에 쳇을 앉혔다. 남자 하나가 물이 담긴 철제 잔을 쳇에게 내밀었다.

"마셔라, 얘야."

콜턴 씨가 말했다. 하지만 쳇은 콜턴 씨의 손을 밀쳐 냈다. 근처에 있던 씨앗 팸플릿 위로 물이 쏟아졌다.

"사람들에게 위험하다고 알려야 해요!"

하지만 콜턴 씨는 고개를 저을 뿐이었다. 길거리를 달리는 유니콘을 봤다고 말하는 어린애를 대하는 듯했다.

"그 강에 쓰레기가 참 많이 떠다니지. 부두에서 떨어져 나온 판자일 수도 있고, 커다란 나무통이거나……."

콜턴 씨가 말했다.

"아니에요. 상어였다고요!"

쳇이 말했다.

"친구들이 장난을 좀 쳤나 보구나."

콜턴 씨가 말했다.

쳇도 잘 알았다. 누가 봐도 지금 자신이 헛소리하는 것처럼 보인다는 사실을. 상어를 봤다고 온종일 맹세해도 될 만큼 확실한데, 아무도 쳇을 믿지 않을 거라는 사실 또한 알았다.

강에 상어가 나타나는 건 정말 불가능한 일이었다!

쳇이 상어를 똑똑히 보았다는 말 말고는 어떤 증거도 없었다. 하지만 조금만 늦었더라면 쳇은 지금쯤 상어에게 먹혀, 또 다른 피해자로 신문에 실렸을 것이다.

"그래, 괜찮다. 제이에게 전화해서 집까지 데려다주라고 하면 어떻겠니? 제이네 차 타 본 적 없지?"

콜턴 씨가 가게 뒤쪽으로 가서 전화기를 들었다.

구경하던 손님들은 모두 쯧쯧거리거나 키득거리며 고개를 저었다. 그리고 이내 흩어졌다.

아무도, 정말 아무도 쳇의 말을 믿지 않았다. 상어는 지금도 강에 있을 것이다.

상어가 분명히 쳇을 치고 갔는데……. 쳇의 말을 믿어 줄 만한 사람이 마을에 한 명 있긴 했다. 그리고 그는 어떻게 해야 할지 알지도 모른다. 확신할 수 없지만, 그 사람이 마지막 희망이었다.

쳇은 의자를 밀어 넣은 다음, 급히 가게를 빠져 나왔다.

"쳇! 어디 가니?"

콜턴 씨가 불렀다. 쳇은 뒤돌아보지 않았다.

윌슨 선장을 찾아야만 했다. 이미 시간을 많이 허비했다.

믿을 수 없는 일

쳇은 윌슨 선장네 집 앞에 섰다. 나무로 된 바닥은 너무 오래돼 심하게 기울어 있었다. 현관문이 활짝 열려 있어, 쳇은 노크할 필요도 없었다.

선장이 가뜩이나 쭈글쭈글한 얼굴에 무서운 표정을 하고 서 있었다.

그러고는 난생처음 본다는 듯 쳇을 바라봤다.

"응? 무슨 일이지?"

윌슨 선장이 말했다. 쳇은 심장이 덜컥 내려앉았다.

제리 삼촌이 해 준 말이 문득 떠올랐다. 선장의 정신이 온전치 못해서, 스위스 치즈에 난 구멍처럼 기억 여기저기에 구

멍이 많다고 했다.

"뭐야? 뭐 팔러 왔어? 난 시간 없다."

"죄송해요. 귀찮게 할 생각은 아니었어요."

쳇이 말했다. 그대로 뒤돌아 밖으로 나갈 뻔했다. 하지만 쳇은 참고, 그 자리에 서 있었다. 애써 발을 떼어 윌슨 선장에게 한 발 다가갔다. 그러고는 윌슨 선장의 눈을 뚫어지게 쳐다봤다.

"선장님."

쳇이 목소리를 높여 말했다.

"제가 상어를 봤어요. 강에서요. 그놈이 절 쳤어요."

쳇은 셔츠를 들어 올려 거칠게 긁힌 상처를 보여 줬다.

윌슨 선장이 쳇의 가슴을 한참 들여다봤다. 그러고는 잠시 생각에 빠진 듯 멍하니 먼 곳을 쳐다봤다. 지금 윌슨 선장은 자신이 어디에 있는지 알기나 한 걸까?

"선장님, 일어날 수 없는 일처럼 들리시겠죠. 아무리 생각해도 말이 안 되긴 해요."

윌슨 선장이 다시 쳇을 바라봤다.

"충분히 있을 수 있지."

윌슨 선장이 말했다. 쳇은 놀라서 눈을 크게 떴다.

"그 강은 래리턴만으로 흘러서, 마지막에 대서양으로 연결되지. 한때 해적들이 그쪽 물길을 이용하곤 했어. 보물을 죄다 그 근방에 묻었지."

선장의 눈이 점점 반짝거리기 시작했다.

"조수 차가 클 때는 해류가 강해서 상어가 강까지 밀려 올라올 수도 있어."

그렇지, 그럴 수도 있다.

"제가 봤어요, 선장님."

쳇은 이제 좀 더 자신 있게 말했다.

"어마어마하게 컸어요. 그리고 눈은, 선장님이 말한 것처럼……."

"살인마의 눈이었겠지."

윌슨 선장이 낮은 목소리로 말했다. 쳇이 고개를 끄덕였다.

"그럼 왜 여기서 이러고 있니, 얘야. 사람들에게 당장 알려야지! 내가 배를 타고 하류에서 올라갈 테니, 넌 수영하던 곳으로 가렴. 네가 본 걸 사람들에게 말해라."

"사람들이 제 말을 안 믿으면 어쩌죠?"

쳇이 물었다. 윌슨 선장은 쳇의 어깨에 손을 올리더니 어깨를 꽉 잡았다.

"가자!"

윌슨 선장이 말했다.

진짜 식인 상어

쳇은 높은 언덕의 중간쯤부터 소리치기 시작했다.

"물에서 빨리 나오세요! 나와요! 지금 당장 나오세요!"

쳇은 번개처럼 달려가 부두에 다다랐다.

"여기서 나가야 해요! 이 안에 상어가 있어요!"

쳇의 친구들도 마침 거기 있었다. 하지만 녀석들은 눈길도 주지 않았다.

"얘들아, 내 말 믿어! 농담이 아니라고. 여기서 나가야 해!"

쳇은 계속 설득했다.

"몬티, 들었어? 강에 상어가 있대! 나가는 게 좋겠어."

시드가 말했다.

시드는 부두 위로 몸을 들어 올렸다. 몬티와 듀이가 따라 올라왔다.

쳇의 말이 통한 걸까? 녀석들이 쳇의 말을 믿는 걸까?

하지만 그때 시드가 되돌아가더니 부두 끝에서 물 위로 풀쩍 뛰어내렸다. 포탄이 떨어지듯 물은 거세게 첨벙거렸다. 쳇은 온몸이 흠뻑 젖었다. 몬티와 듀이도 시드를 뒤따랐다.

"야, 상어가 날 공격하면 어떤 부자한테 500달러 상금을 받아서 우리끼리 나눌 거야."

시드가 말했다.

"그 남자는 죽었어!"

몬티가 맞장구쳤다.

"아쉽네!"

시드가 말했다.

"악, 사아아아앙어어어어다아아아! 여기, 상어야 상어! 살려 줘요!"

몬티가 손나팔을 하고 소리 질렀다.

녀석들은 웃음을 터뜨리며 쳇을 비웃었다. 쳇은 절망한 채

서 있었다. 상어가 정말 멀리 가 버렸을지도 모른다. 정말 아무도 쳇을 믿지 않았다. 앞으로 100년 동안 엘름힐스의 사람들 입에 쳇의 이름이 오르내릴지도 모른다. 강에 상어가 있다며 헛소리를 하던 아이로. 윌슨 선장과 아주 똑같이 쳇 또한 놀림거리가 될 게 분명했다.

쳇은 당장 도망가고 싶었다. 멀리 가 버리고 싶었다. 이대로 쭉 달려 캘리포니아주로 가 버리고 싶었다.

하지만 시드가 여태 강에 있었다.

그런데 조금 이상했다. 녀석의 얼굴이 하얗게 질려 있었다. 비명을 지르려는 듯 입을 다물지 못한 채였다.

쳇의 마음이 쿵 내려앉았다. 반짝거리는 지느러미가 물살을 가르며 천천히 움직이고 있었다.

"이런……."

듀이가 말했다.

"서둘러! 밖으로 나가!"

쳇이 간절히 소리쳤다.

몬티와 듀이가 물 밖으로 빠져나왔다. 하지만 시드는 넋이

나간 채로 그 자리에서 한 발짝도 움직이지 못했다.

상어가 물 위로 조금씩 올라오고 있었다. 놈의 반짝이는 새까만 눈이 드러나기 시작했다. 거대한 몸은 물 아래 어렴풋이 보였다.

다들 시드에게 소리쳤다.

"나와!"

"서두르라고!"

"어서! 놈이 오고 있어!"

그때 멀리서 들려오는 모터보트 소리가 쳇의 귀에 닿았다. 윌슨 선장이 소리치고 있었다.

"상어다! 강에 상어가 나타났다! 모두 나가! 강에 상어가 나타났다!"

시드는 여전히 옴짝달싹하지 못했다. 상어가 점점 더 가까이 오고 있었다.

생각할 겨를도 없이, 쳇은 물에 뛰어들었다. 쳇은 최대한 빠르게 시드에게 헤엄쳐 갔다. 쳇은 시드의 팔을 꽉 잡고 당겼다.

"쳇! 이거 진짜야? 진짜 맞아?"

시드가 숨을 헐떡이며 말했다.

"그래, 서둘러!"

몬티와 듀이가 부두 끝에 서서 둘 쪽으로 손을 내밀고 있었다. 시드가 먼저 물 밖으로 빠져나왔고 뒤이어 쳇이 부두를 손으로 짚었다. 녀석들은 쳇의 팔을 잡고 위로 끌어올렸다. 물 밖으로 쳇의 몸이 거의 빠져나온 순간, 무엇인가 쳇의 다리를 잡았다.

다리가 거대한 손에 꽉 잡힌 것 같았다. 그 손에 달린 뜨거운 손톱이 쳇의 종아리에 구멍을 내는 것 같았다.

"놈이 내 다리를 물었어!"

쳇이 비명을 질렀다.

"당겨!"

시드가 소리쳤다. 친구들이 모두 달라붙어 쳇을 당겼다. 당기고 또 당겼다. 몸이 두 동강으로 찢어질 것 같았다. 꽤 긴 시간이 흐른 후에야 겨우 쳇의 다리가 빠져나왔다!

친구들은 가까스로 쳇을 부두까지 끌어 올렸다.

바로 그때, 상어가 물 밖까지 뛰어오르더니 턱을 크게 벌렸다. 피로 얼룩진 이빨이 보였다. 커다란 입이 쳇에게 바짝 다가왔다. 그리고…….

빵!

총성이 하늘에 울려 퍼졌다. 시간이 멈춘 것 같았다.

정신이 든 쳇이 어렴풋이 알게 된 건 자신이 부두에 앉아 있다는 사실이었다. 모든 게 희미했고, 사람들의 행동은 느린 화면 같았다. 사람들의 목소리, 모터보트 소리 같은 게 웅웅거리는 낮은 소리로만 들렸다.

녀석들이 쳇의 이름을 부르고 또 불렀다. 쳇의 얼굴 바로 앞에서, 여전히 쳇의 팔을 꽉 잡은 채였다.

쳇은 고개를 숙여 자기 몸을 봤다. 언제 이렇게 많은 케첩을 발라 뒀나 싶었다. 근데 왜 케첩이 점점 많아지는 걸까?

그건 케첩이 아니었다. 쳇의 다리에서 흘러나오는 피였다.

주위를 둘러싼 안개는 점점 짙어졌다. 쳇은 이내 아무것도 보이지 않고, 들리지 않았다.

용감한 아이

상어 공격으로 2명 사망, 1명 중태

1916년 7월 12일, 뉴저지주 엘름힐스에서 발생

7월 12일 어제, 10대 남학생 한 명과 20대 남성 한 명이 상어의 공격에 사망했다. 뉴저지주 마타완강에 상어가 나타났다는 사실은 충격적이다. 레스터 스틸웰(11세)은 마타완강 하류에서 친구들과 수영을 하던 중에 상어의 공격으로 사망했다. 몇 분 후, 스틸웰 군을 구조하기 위해 용감하게 강으로 뛰어든 스탠리 피셔(24세)도 사망했다.

마티완강 상류에서는 쳇 로스코(10세)가 혼자 수영하다 상어를 마주쳤다. 가까스로 탈출한 로스코 군은 마을로 내려와 주민들에게 위험을 알렸다. 이를 장난으로 여긴 주민들은 로스코 군의 간절한 경고를 무시했으나, 로스코 군은 포기하지 않고 템플러 타일 제조 공장 뒤편에서 수영하던 친구들에게 위험을 알렸다. 로스코 군은 친구들에게 위험을 알리다가 거대한 상어에 물렸다.

다행히 토마스 A. 윌슨 선장이 남북 전쟁 때 쓰던 장총으로 상어를 쐈고, 로스코 군은 바로 구조되었다. 상어는 곧바로 사라졌다.

이 용감한 아이는 뉴브런즈윅주에 위치한 세인트피터 병원으로 이송되었다. 로스코 군은 다리 부상이 심각한 것으로 알려졌다.

쳇의 마음속에 여러 장면이 피어올랐다. 어렴풋한 장면들이었다. 자신을 부두로 끌어 올리는 사람들, 제이 씨의 자동차 안, 병원의 하얀색 벽과 시트, 고개를 젓는 의사의 심각한 표정, 부드러운 목소리의 간호사들. 그리고 제리 삼촌.

삼촌은 늘 쳇의 바로 옆자리에 앉아 물었다.

"쳇이 잠들었습니까? 쳇이 깨어났습니까?"

이틀 후에 쳇은 자신이 살아남은 걸 알았고, 사흘이 더 지

난 후에는 무슨 일이 생긴 건지 알게 되었다. 상어가 쳇의 종아리 일부를 물어뜯은 것이다. 몇 초만 늦었어도 쳇은 상어에게 다리 전체를 잃었을 것이다.

의사가 쳇의 어깨를 다독이며 말했다.

"괜찮아질 거다. 시간은 걸리겠지만, 곧 나을 거야."

제리 삼촌이 말했다.

"용감한 아이. 신문에서 널 그렇게 썼더구나. 정말 맞는 말이지."

그리고 쳇은 다른 사람들의 소식을 들었다. 엘름힐스에서 약 1.6킬로미터 떨어진 강 하류에서 남자아이 하나가 상어에게 공격당했고, 그 아이를 구하려고 뛰어든 남자도 공격당했다는 내용이었다. 둘 다 죽었다고 했다.

쳇의 병실은 각지에서 보내온 꽃과 카드로 가득 찼다.

하지만 쳇은 어떤 것에도 관심 없었다. 쳇은 상어에 물렸던 순간보다 훨씬 더 다리가 아팠다. 병원에서 준 약을 먹으면 어지러웠다. 멍해졌고 토했다. 엄마와 아빠가 보고 싶었지만, 부모님이 탄 기차는 대륙을 한창 달리고 있었다.

쳇은 잠들었다가, 공포에 떨며 갑자기 깨곤 했다. 늘 침대는 땀으로 흠뻑 젖어 있었다. 깨어 있을 땐 공포가 조금 사그라드는 것 같았다. 하지만 여전히 상어는 근처에서 도사리고 있었다. 피로 물든 이빨을 반짝이며, 살기 가득한 새까만 눈으로 쳇을 지켜보고 있었다.

쳇은 외로움을 느낄 틈조차 없었다.

영원한 친구

쳇이 병원에 머문 지 엿새째 되던 날, 병실 문을 두드리는 소리가 들렸다. 쳇은 일어나 앉았다. 분명 엄마와 아빠일 것이다.

예상은 빗나갔다. 듀이, 시드, 몬티가 복도에 서 있었다. 녀석들 바로 뒤에 제리 삼촌이 있었다. 엘름힐스에서 병원까지는 두 시간 거리였다. 녀석들이 쳇을 보러 그 먼 거리를 달려온 걸까?

다들 조금 겁에 질려 보였다. 쳇은 긴장했다. 아직도 나한테 화가 나 있나? 쳇은 보일 듯 말 듯 작게 손을 흔들었다. 동시에 녀석들도 재빨리 병실 안으로 들어왔다. 작은 침대 앞

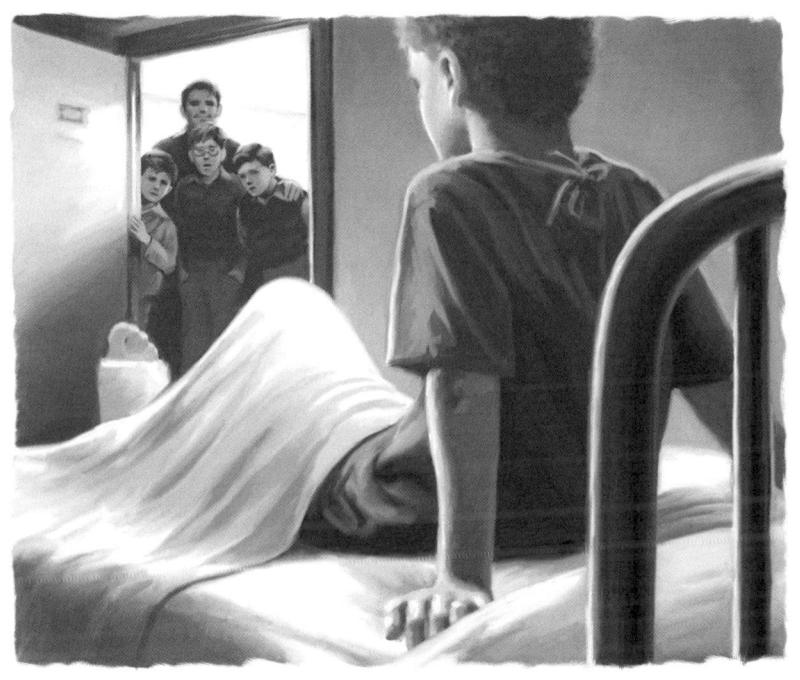

에 먼저 서겠다고 티격태격했다. 녀석들이 서로 밀치는 바람에 쳇은 다리가 조금 아팠지만 신경 쓰지 않았다.

"얘들아, 난 복도에 있으마. 저 예쁜 간호사가 나한테 관심이 있는 것 같거든, 하하."

제리 삼촌이 말했다.

문이 닫혔다. 녀석들이 동시에 입을 열었다.

"사람들이 강을 다이너마이트로 폭파했어!"

"만에서 상어를 잡은 남자가 그러는데, 그거 우리가 본 상어래!"

"3미터나 된대!"

"상어 배를 갈랐대."

"그랬더니 사람 뼈가 나왔대!"

제리 삼촌이 이미 쳇에게 해 준 이야기였다. 하지만 쳇은 녀석들이 계속 말하도록 두었다. 옆에서 들려오는 친구들의 목소리가 좋았다. 말을 멈추지 않았으면 했다. 윌슨 선장은 유명 인사가 되었고, 신문 기자들이 세계 곳곳에서 선장을 만나러 계속 온다고도 했다.

"너희 삼촌이 그러는데 네 다리는 괜찮을 거래."

듀이가 말했다.

"어마어마한 흉터는 남을 거래."

시드가 말했다. 질투하는 것 같았다.

간호사가 다리의 붕대를 갈아 줄 때 쳇은 자세히 보지 않았다. 상처를 소독하느라 너무 아프기 때문이었다. 붕대를 다 갈 때까지 쳇은 눈을 질끈 감고 수건을 입에 꽉 문 채 비명이 나오는 것을 참았다.

종아리의 살점 덩어리가 잘려 나갔다. 흉터보다 더한 것이 남을 수 있다. 쳇은 이제 다리를 절게 될지 모른다.

"나처럼 말이다. 그렇다고 느려지는 건 아니란다."

제리 삼촌이 말했다.

"미니가 계속 네 안부를 물어."

듀이가 말했다.

다리를 절뚝거리는 쳇을 미니가 어떻게 생각할지 쳇은 걱정되었다.

시드가 쳇 쪽으로 가까이 다가와 속삭였다.

"우리가 잘못했어."

몬티도 말했다.

"전부 다 잘못했어."

시드는 금방이라도 울 것 같은 얼굴로 말했다.

"아냐, 내 잘못이야."

"뭐? 네가 상어를 가져다 놓은 것도 아니잖아."

쳇이 대답했다.

"네 말을 들었어야 해."

시드가 옅게 미소 짓고는 소매로 눈물을 닦았다.

"우리가 물 밖으로 바로 나왔으면 네가 이렇게 물리지 않았을 거야."

몬티가 말했다.

"그리고 네가 오지 않았으면 우린……."

듀이가 말했다.

"하지만 내가 그 멍청한 장난을 치지 않았으면 너희가 날 믿었을 거야."

쳇이 말했다.

"네가 날 구했어."

시드가 말했다.

"너희가 날 구한 거야."

쳇이 말했다. 쳇은 힘겹게 침을 삼켰다. 곧이어 아이들 모두 조금씩 훌쩍였다.

병실에 침묵이 찾아왔다. 고요한 순간에 쳇은 무언가 깨달았다. 자신과 친구들은 이제 무엇이든 함께할 것이다. 함께

치른 끔찍한 사건과 서로를 구한 일은 평생 서로를 잇는 끈이 되어 줄 것이다.

한참 뒤, 시드가 말했다.

"우리 이제 화해하자. 앞으로 멍청한 장난치기 없기."

아무도 시드의 말에 딴지를 걸지 않았다. 늘 그랬듯이.

녀석들은 오후 내내 쳇과 있었다. 제리 삼촌이 머리를 빼꼼 들이밀고, 가야 할 시간이라고 말할 때까지 말이다. 결국 삼촌이 병실로 들어와 녀석들을 문밖으로 내보냈다.

"잠깐 기다려라."

제리 삼촌이 친구들에게 말했다. 그리고 문을 닫고는 침대 쪽으로 다가왔다.

"엄마가 병원으로 전화했더구나. 엄마랑 아빠는 오늘 저녁에 도착할 거다."

제리 삼촌이 말하자, 쳇이 미소를 지었다.

삼촌은 시트를 바르게 펴며 말했다.

"있잖아, 이렇게 하면 어떻겠니. 내가 전에도 한 번 말한 것 같은데."

제리 삼촌이 헛기침을 했다.

"네 아빠가 날 도와 식당을 운영하게 될지도 모르겠다. 바쁜 곳이니까. 네 아빠도 즐겁게 일할 수 있을 거다. 우리 둘이서도 충분히 잘해 왔지만, 이제 나는 내 시간을 더 갖고 싶구나."

쳇은 잠깐 동안 제리 삼촌의 말을 이해하지 못했다.

"네 아빠도 이제 정착해야겠다고 생각할지 모르잖니. 그러겠다고 할지 모르지만……. 한번 물어보는 거니까 뭐, 안 그러냐?"

쳇은 무언가 말하려고 입을 열었으나 말들이 입안에서 꼭 붙어 버린 것 같았다. 그저 고개를 끄덕였다.

"그래, 쳇. 아직 계획일 뿐이다."

제리 삼촌이 떠난 뒤 쳇은 한참을 누워 있었다. 엄마와 아빠를 떠올렸다. 부모님에게 친구들과 윌슨 선장 이야기를 해 줄 생각을 하니 더욱 기다리기 힘들었다. 쳇은 눈을 뜨려 했지만, 오늘 하루가 너무 길었는지 이내 깜빡 잠들었다.

꿈속에서 쳇은 나이가 꽤 들어 있었다. 식당에 앉아서 아이들에게 얘기를 들려주고 있었다. 강에 나타난, 석탄처럼 새까만 눈을 가진 거대한 식인 상어 이야기였다.

쳇은 상어가 어떻게 자신을 뒤쫓았는지, 자신이 얼마나 공포에 떨었는지 얘기했다. 하지만 상어는 결국 쳇을 해치지 못했다. 쳇은 혼자가 아니었기 때문이다. 친구들이 손을 뻗어 쳇을 구했다.

친구들은 쳇을 꽉 붙잡고 있었다. 그리고 절대 놓지 않았다.

작가의 말

믿기 힘든 실화

　토끼가 갑자기 피에 굶주린 살인마로 변했다는 기사를 읽었다고 상상해 봅시다. 누구든 웃어넘기거나 믿을 수 없다고 고개를 저을지 모릅니다.
　1916년 미국 동부에 있는 뉴저지주 해안에서 상어가 사람을 공격하는 사건이 일어났을 때, 사람들의 반응도 비슷했습니다. 상어가 사람을 공격해? 말도 안 돼! 당시에 대다수는 상어가 순한 동물이며, 겁이 많고, 사람을 해치기에는 턱이 너무 약하다고 믿었습니다. 제대로 된 해양 생물학자도, 바닷속을 탐험할 스쿠버다이빙 장비나 잠수함도 없었거든요. 상어에 대한 깊이 있는 연구도 없었고, 그저 세대를 걸쳐 전해 오는 이야기뿐이었습니다.

헤르만 올리치스가 내건 상금은 유명한 얘기입니다. 1891년, 미국 경제계의 큰손 올리치스는 미국 동부 해안에서 누구든 상어의 공격을 증명하면 상금 500달러를 주겠다고 했습니다. 하지만 한참이 지나도록 아무도 상금을 받지 못했습니다. 그래서 사람들은 상어가 사람에게 위험하지 않다고 믿었습니다.

그러던 중 1916년에 상어가 사람을 공격하는 사건이 발생한 것입니다.

이 책 속 인물들은 허구이지만, 일어난 사건은 모두 사실입니다. 불볕더위가 한창이던 1916년 7월, 상어의 공격으로 네 명이 사망했습니다. 바다에서, 그리고 바다와 이어진 마타완강에서. 사건 이후 바다 인근에서 잡힌 백상아리 뱃속에는 사람 뼈가 있었습니다.

그러나 과학자와 연구원들은 달랑 백상아리 한 마리가 사람을 공격했다는 데 의아해합니다. 그리고 마타완강에서 일어난 사건의 범인은 황소상어일 가능성이 더 크다고 주장합니다. 식인 상어 중 민물에서 상당 기간 살아남을 수 있는 종은 황소상어가 유일하거든요. 상어의 공격이 있기 전에 몇 주 동안, 대서양 항로에 평소보다 상어가 많이 나타났다고 여러 선장이 증언하기도 했습니다. 백상아리와 황소상어 모두 눈에 띄게 늘어났다고 합니다.

평소와 달라진 바다 상태나 기후가 상어를 해안까지 불러들였고, 안타깝게도 마침 거기서 수영하던 사람들과 마주쳤으리라 보입니다. 이 또한 확실치 않지만요.

단지 우리가 아는 건, 상어가 사람을 공격하는 경우는 아주 드물다는 사실뿐입니다. 그리고 1916년에 일어난 상어의 공격을 우리가 절대 잊을 수 없으리라는 사실도요.

-로렌 타시스

한눈에 보는 재난 이야기 ①

1916년 7월, 마타완강에서는 무슨 일이 있었나?

상어가 사람을 공격하다니!

1916년 7월, 12일 동안 상어의 공격으로 4명이 사망했다. 찰스 밴산트와 찰스 브루디가 바다에서 수영을 즐기다가 상어의 공격으로 사망했다. 해안에서 약 26킬로미터 떨어진 마타완강에서는 레스터 스틸웰이 친구들과 수영하다 목숨을 잃었다. 스탠리 피셔가 레스터를 구하려 했지만 그 역시 상어에게 공격당했다. 조셉 던은 다리를 물렸으나 책 속의 '쳇'처럼 살아남았다.

당시 사람들은 상어가 순한 동물이라는 잘못된 지식을 갖고 있었기에 상어의 공격에 큰 충격을 받았다. 하지만 상어가 사람을 공격한 건 분명한 사실이었다. 마타완강에서 상어 공격이 발생한 이틀 뒤, 래리턴만에서 백상아리 한 마리가 잡혔다. 이 백상아리 뱃속에서 사람 뼈가 발견되면서 식인 상어가 실제로 존재했고, 이제야 잡혔다는 사실이 증명되었다.

사람에게 가장 위험한 상어는?

상어는 400종이 훌쩍 넘는데 그중 황소상어, 백상아리, 뱀상어, 귀상어 등이 사람을 공격한다고 알려져 있다. 전문가들은 인간에게 가장 위험한 종이 황소상어라고 말한다. 하지만 상어가 사람을 공격하는 일은 매우 드물다.

2015년부터 2019년까지 전 세계에서 매년 약 80명이 상어에게 공격당했는데, 이중 목숨을 잃은 사람은 매년 4명 정도이다(뱀에 물려 사망하는 사람은 매년 평균 12만 명에 달한다). 상어를 유혹하거나 만지려고 해서 공격당한 경우도 있지만, 아무런 이유 없이 공격당하기도 했다.

그에 반해 사람들은 매년 상어를 거의 1억 마리 이상 죽이는데, 대부분 중국요리 샥스핀에 들어갈 유일한 재료인 상어 지느러미를 얻기 위해서이다. 이 때문에 백상아리를 포함해 많은 상어종이 현재 멸종 위기에 처해 있다. 최근에는 환경 단체를 비롯해 여러 사람들이 샥스핀 요리의 비윤리적인 면에 목소리를 높인 결과, 2020년까지 미국 13개 주에서 상어 지느러미의 유통·판매가 전면 금지되었다.

상어의 공격을 피하려면?

일부 과학자는 대부분 상어는 사람을 공격할 의도가 없다고 주장한다. 파도 타는 사람이나 수영하는 사람을 단지 커다란 해양 포유

류로 착각할 뿐이라고 말한다. 그 증거로 상어에 물린 사람들 대부분이 상처가 심하지 않다는 점을 든다. 상어가 사람을 문 순간, 잘못된 먹이인 걸 알고 뱉어 버리는 것이다.

상어의 공격은 대부분 바다에서 혼자 수영하는 사람들에게 일어난다. 상어의 공격을 피하려면 여러 사람이 함께 수영하는 것이 좋다. 또 다른 방법은 밤이나 해 질 녘에 수영하지 않는 것이다.

개와 함께 수영하는 것도 위험할 수 있다. 개가 발장구를 치는 모습이 상어를 유혹할 수 있기 때문이다. 액세서리는 착용하지 않는 것이 좋다. 반짝이는 물건 또한 상어의 시선을 끌 수 있기 때문이다. 피가 난 상처가 있다면 바다에서 수영하지 말아야 한다.

또한 상어가 다가오는지 알 수 없는 탁한 물에는 들어가지 말아야 한다. 어쩔 수 없이 들어가야 할 경우, 반드시 스킨 스쿠버용 상어 퇴치기를 몸에 부착한다.

한눈에 보는 재난 이야기 ②

우리나라는 상어 공격에 안전한가?

우리나라에도 상어가 나타날까?

우리나라에 처음으로 식인 상어 사건이 알려진 건 1959년 7월이었다. 충남 보령에 있는 대천 해수욕장에서 수영하던 대학생 한 명이 상어에 다리가 물려 사망했다. 한동안 잠잠하다가 1981년 5월, 또 다시 보령 부근에 있는 외도 앞에 식인 상어 두 마리가 나타났다. 근처에서 전복을 따려고 물질하던 해녀 한 명이 이 상어들에게 습격당해 사망했다. 마침 제철을 맞은 전복·소라를 채취하기 위해 전국에서 몰려든 해녀 100여 명은 소식을 듣고, 두려움에 떨며 서둘러 그곳을 떠났다.

첫 사망자가 생긴 1959년 이후, 지금까지 잘 알려진 식인 상어 사건만 10여 건에 달한다. 그중 사망자가 생긴 사례는 6건이나 된다. 주로 바다에서 작업하는 해녀나 어부들이 피해를 입는 경우가 많았다. 2005년에는 여수 남면 앞바다에서 백상아리가 연이어 자리 그물에 죽은 채 발견되었다. 백상아리는 공포 영화 〈죠스〉에 나와 사람들에게 식인 상어종으로 잘 알려져 있다. 2017년 4월에는 백상아리가 영덕 앞바다에서 발견되기도 했다.

한반도에 상어가 나타나는 이유

우리나라는 보령, 군산 등 서해안에서 5월에 상어가 집중적으로 나타난다. 이는 한반도를 둘러싼 바닷물의 운동, 즉 해류 때문이다. 한반도의 남쪽에서 올라오는 따뜻한 '난류'와 북쪽의 차가운 '한류'가 합쳐지는데, 이때 서해안은 상어들이 살기 알맞은 환경으로 변한다. 서해안에 먹이가 가장 풍부해지는 5월부터 상어들이 남해에서 서해로 거슬러 올라오는 것이다.

지구 온난화로 한반도를 둘러싼 바닷물의 온도는 갈수록 올라가고 있다. 바닷물의 온도가 오를수록 상어가 활동하기 좋아진다. 전문가들은 한반도에서 상어가 나타나는 지역이 점차 늘어날 것으로 예상한다.

상어는 후각이 발달해서 500미터 거리에서도 먹이의 냄새를 맡을 수 있다. 하지만 시각은 발달하지 않았다. 생물학자들은 상어가 사람을 바다사자로 착각해 공격하는 것이라고 한다.

최근에는 해녀, 어부 외에도 스킨 스쿠버, 서핑 등 수상 레저를 즐기는 사람들이 늘었기에 상어가 나타나는 지역을 전보다 세심하게 관리할 필요가 있다.

상어가 공격하면 어떻게 해야 할까?

우리나라의 해경은 상어가 나타나는 지역을 따로 관리하고 있다. 상어가 나타날 수 있는 바다 근처 해수욕장을 순찰할 때는 상어 퇴치기를 단 오토바이를 탄다. 상어 퇴치기는 5초에 한 번씩 미세한 전류를 내보내 상어를 쫓아내는 장치다. 사람에게는 해가 없고, 최대 400미터까지 상어를 쫓아낼 수 있다.

해경의 관리도 중요하지만, 식인 상어의 공격을 대비하는 데 가장 필요한 건 사람들의 안전 의식이다. 바다에서 상어와 맞닥뜨리지 않으려면 '한눈에 보는 재난 이야기 1'에 실린 내용을 잘 기억해 둬야 한다.